# *Bajo el hechizo de la luna*

## Under the Spell of the Moon

# Bajo el hechizo de la luna
## Under the Spell of the Moon

ARTE PARA NIÑOS

DE LOS GRANDES ILUSTRADORES DEL MUNDO

ART FOR CHILDREN

FROM THE WORLD'S GREAT ILLUSTRATORS

Traducción del prólogo y los textos: Jorge Luján
Traducción de la introducción: Teresa Tellechea
Traducción de las notas biográficas: Kiki García Larralde

©2004 Groundwood Books
©2004 Ilustraciones, Jainal Amambing, Muhammed Amous, Mitsumasa Anno, Rotraut
Susanne Berner, Pulak Biswas, Quentin Blake, Anthony Browne, Carll Cneut, Baba Wagué
Diakité, Boris Diodorov, Philippe Dumas, Ora Eitan, Eva Eriksson, Luis Garay, Marie-
Louise Gay, Piet Grobler, Trina Schart Hyman, Isol, Dušan Kállay, Nasrin Khosravi,
Angela Lago, Alison Lester, Manuel Monroy, Květa Pacovská, Meter Sís, Marit Törnqvist,
Noemí Villamuza, Rosemary Wells, Józef Wilsoń, Vera B. Williams, Linda Wolfsgruber,
Ange Zhang, Lisbeth Zwerger

© 2006 Ediciones Ekaré
Edif. Banco del Libro, Av. Luis Roche
Altamira Sur, Caracas 1062, Venezuela
www.ekare.com

Publicado originalmente por Groundwood Books, Canada
Título original: Under the Spell of the Moon

ISBN 980-257-329-9
HECHO EL DEPÓSITO DE LEY
Depósito legal lf1512006800640
Impreso en China

*Prólogo de* Katherine Paterson
*Editado por* Patricia Aldana
*Traducción de los poemas
al inglés* Stan Dragland
*Traducción de los poemas
al español* Jorge Luján

# TABLA DE CONTENIDOS

Prólogo 8
Introducción 10

* tradicional
· por el artista

# TABLE OF CONTENTS

Foreword 8
Introduction 10

* traditional
• by the artist

About the Artists 76

# PRÓLOGO

El hermoso libro que tienes en tus manos es el regalo de ilustradores de libros infantiles provenientes de los cinco continentes y de islas remotas. Cuánto desearía que Jella Lepman, la fundadora de IBBY (International Board on Books for Young People), pudiera ver esta asombrosa evidencia de su sueño hecho realidad. Inmediatamente después de la Segunda Guerra Mundial, la señora Lepman, una periodista judía que había huido de su Alemania natal, fue invitada a regresar a su tierra para aconsejar a las fuerzas de ocupación sobre las necesidades educativas y culturales de las mujeres y niños de la zona americana. Ella convenció a renuentes generales y burócratas que los niños de Alemania necesitaban libros —lo mejor de la literatura infantil de todo el mundo— para alimentar sus espíritus afectados por años de cruel dictadura y la devastación de la guerra. Su primer logro fue una exposición de libros en Munich. Este acontecimiento tuvo una respuesta tan entusiasta que la motivó a fundar una biblioteca internacional de literatura infantil, y más tarde, una organización internacional que se dedica a hacer llegar libros a niños de todos los rincones de la Tierra.

Jella concibió aún otro sueño. Su última esperanza fue que al dotar a los niños con los libros más valiosos, se hicieran amigos de otros niños de culturas diferentes pero que, al igual que ellos, anhelaran crecer en un mundo de paz. Un poema de su autobiografía *A Bridge of Children's Books*, lo expresa de esta manera:

> Ya no nos hablen de guerra y destrucción
> gritan los niños a través de las fronteras
> que los adultos establecen.

Y, de modo ejemplar, avanzan
hacia el inexplorado futuro
creando de nuevo lo que otros
han arruinado sin piedad.


Trágicamente, el sueño de Jella Lepman sobre un mundo en el que los niños puedan crecer en paz, todavía está por realizarse pero, a pesar del recelo internacional, el terrorismo y la guerra, este libro que has abierto es una prueba luminosa de que los ideales de IBBY siguen vivos y expandiéndose.

A través de las ilustraciones de grandes artistas, *Bajo el hechizo de la Luna* saluda no solamente a los niños de la Tierra sino a las miles de personas que en más de sesenta y cinco países comparten el sueño de Jella Lepman y llevan a cabo el encargo grabado en su tumba:

Dénles libros, dénles alas.


Katherine Paterson

# INTRODUCCIÓN

La ilustración existe desde hace milenios y los libros ilustrados existen casi desde que existe el libro. Pero el arte celebrado en *Bajo el hechizo de la Luna* - ilustraciones destinadas específicamente a niños- es relativamente nuevo.

IBBY (International Board on Books for Young People), cuyo trabajo describe tan elocuentemente Katherine Paterson en su prólogo, es una organización mundial. Así que, cuando decidimos que había llegado el momento de celebrar a los artistas que han dedicado sus vidas a trabajar con niños, sabíamos que necesitábamos buscarlos por todo el mundo y encontrar a los mejores, tanto famosos y establecidos, como nuevas promesas.

Entre los artistas que encontrarás en este libro hay muchos ganadores y nominados al Hans Christian Andersen que representan a países con una rica tradición en la edición de libros infantiles. Algunos de estos grandes ilustradores publican su obra en muchos países, otros, incluso entre los ganadores del Andersen, siguen siendo conocidos, inmerecidamente, sólo en sus países o regiones de origen. El abanico de artistas abarca desde gigantes en su campo que llevan toda una vida trabajando en libros infantiles, a gente joven que está empezando a ser conocida pero cuyo trabajo es del más alto nivel.

En algunas partes del mundo la edición del álbum ilustrado sigue estando limitada por restricciones económicas, tamaños de mercado y, en algunos casos, por la industria editorial dominante de otros países. A pesar de todo, hay ilustradores de talento que siguen trabajando aunque todavía no todos han publicado.

Realizar una selección de artistas de la más alta calidad cuyo trabajo represente las diferentes circunstancias de la ilustración en el mundo fue una tarea de enormes proporciones en la que mucha gente colaboró. Como no consultamos específicamente a cada sección de IBBY, es gratificante ver cuántos artistas que han encontrado su camino en este libro han sido nominados para al premio Andersen 2004.

La Bienal de Ilustración de Bratislava (BIB) y el concurso Noma de Álbumes Ilustrados del Centro Cultural de la UNESCO Asia /Pacífico (ACCU- Asia/ Pacific Cultural Centre) fueron esenciales a la hora de ayudarnos a localizar ilustradores de gran talento pero poco conocidos. Ambas organizaciones hacen un trabajo maravilloso de búsqueda y apoyo a gente con talento que no pertenece a países con una fuerte tradición editorial.

Finalmente, los artistas cuyas ilustraciones aparecen en este libro de alguna manera se han autoseleccionado al donar tan generosamente sus trabajos. Su donación permite que una parte importante de las regalías de las ventas de este libro se den a IBBY para que pueda expandir su labor, especialmente la de asegurar que niños de todo el mundo tengan acceso a sus propios libros ilustrados.

A cada artista se le pidió que ilustrara un texto de su elección, ya fuera un poema, una nana, una canción, una cita, un juego o una adivinanza. La variedad de textos es inmensa y a menudo refleja palabras que fueron importantes en la infancia de cada artista.

Los niños que tienen acceso a libros creados especialmente para ellos son extremadamente afortunados. IBBY está trabajando para que esto sea posible para todos los niños y para ayudar a crear condiciones que ayuden a que puedan surgir artistas en cualquier lugar del mundo y que sus libros los conozcan niños de todo el mundo.

Deseo agradecer especialmente a Peter Schneck, Peter Cacko, Elena Iribarren, Tayo Shima, Chieko Suemori, Misako Onuki, Leena Maissen, Susanne Padberg, Ken Setterington, Jehan Helou, Sarah Quinn y Michael Solomon su ayuda en la selección y puesta en contacto con los artistas, y, sobre todo, gracias a los ilustradores.

Patricia Aldana

ÁRBOL QUE NO DEJA VER EL BOSQUE

NOT TO SEE A FOREST FOR A TREE ∘ PRO STROM NEVIDĚT LES

13

Jerry Hall
Is so small
A rat could eat him
Hat and all.

Julián Cermeño
es tan pequeño
que una ratona
puede comérselo
desde las botas
hasta el sombrero.

# Buenas noches, niños

El sol se pone detrás del mar
y volvemos a casa por el pastizal.
Dime, estrella de la tarde
¿dónde está la casa del sol que parte?

El sol del poniente no va a hogar alguno:
es ya el alba en otro mundo.
Allí, Juan Pestañas torna a su casa
cuando el sol aparece tras las montañas.

Las sombras caen sobre los campos de batalla.
Jóvenes heridos de guerra cierran sus párpados.
En tierras de paz, el sol se alza en el cielo
y los niños abren sus ojos después del sueño.

Familias enteras cenan en círculos
mientras los chicos discuten por bagatelas.
En el desayuno, del otro lado del mundo,
los niños comparten su pan o su avena.

Sube el sol de la mañana, baja el de la tarde,
los rostros son diferentes, también los lenguajes,
pero es el mismo cielo que se despereza,
estén lejos o cerca, los niños del planeta.

Desaparece el sol,
las primeras estrellas parpadean
y a cada esquina
Juan Pestañas llega.

¡Buenas noches, Niños de la Tierra!

# Good Night, Children

The sun is setting beyond the sea
Down grassy trails we head toward home.
Oh, evening star, high in the sky
Where is home for the setting sun?

The setting sun goes nowhere home
It is the dawn of another world.
There, the sandman heads for home —
As the sun is rising beyond the hills.

Shadows fall on embattled grounds
Sleep comes to children hurt by war.
In lands of peace, sun climbs the sky.
Children dream, then open their eyes.

Round the supper fare, whole families gather,
And children fuss — don't like this nor that
At breakfast, round the other side of the world
Children share their bread or gruel.

The morning sun rises, the evening sun sets
The faces are different, as are the tongues
But one is the sky that stretches above
For those far and near, all children of Earth.

The setting sun sinks
The stars twinkle out
Night comes, and to every corner on Earth
  The sandman is coming.

Good night, children.

Salta el sapo
afuera del charco.
¡Comprémosle pantalones!
¿De qué tono? ¿De qué tipo?
Verdes y a cuadritos.

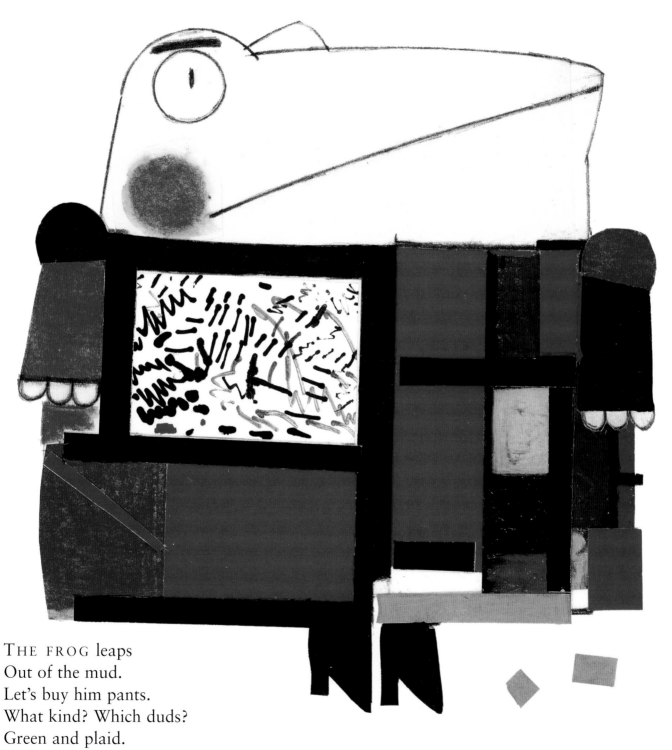

THE FROG leaps
Out of the mud.
Let's buy him pants.
What kind? Which duds?
Green and plaid.

*Květa Pacovská, República Checa* / *Květa Pacovská, Czech Republic*  19

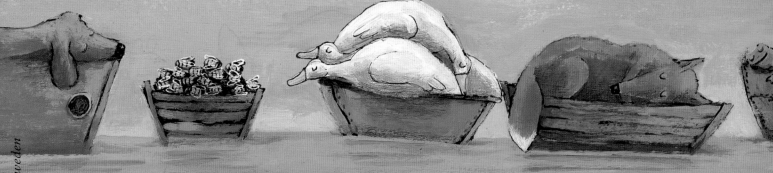

*Marit Törnqvist, Países Bajos, Suecia / Marit Törnqvist, The Netherlands, Sweden*

# Buenas noches, sol

¡Buenas noches, gallina blanca!
¡Buenas noches, zorro rojo!
El sol cierra con llave
su caja de colores.

Buenas noches sol.
Hasta que regreses
todo gato, rata o murciélago
será negro.

Todo perro será negro,
todo cerdo será negro
y los sapos serán negros
hasta que hayas vuelto.

Toda mosca, negra
todo abejorro, negro
todo ganso que encuentro
es negro, negro, negro.

Y tú eres negro
y yo soy negro
y el mundo es negro
cuando al sol no vemos.

El mar arrulla la tierra
con su tonada vieja
¡Buenas noches sol,
montañas y ovejas!

# Good Night Ye Sun

Good night white hen!
Good night red fox!
The sun he locks
His colour box.

Good night ye sun
Until ye're back
All cats and rats
And bats are black.

All dogs are black
All hogs are black
And frogs are black
Until ye're back.

All fleas are black
All beezzz are black
And geese quack-quack
Are black black-black.

And you are black
And me am black
The world is black
When sun does lack.

The sea does rock
The world to sleep.
Good night ye sun
And hills and sheep!

JUGUEMOS EN EL BOSQUE
mientras el lobo no está.
Si estuviera aquí
nos comería crudos
pero como no está
no nos comerá.

INTO THE FOREST let us stray,
While the wolf is far away.
If he were not
He would eat us hot,
But he is away
And won't eat us today.

# PRÄSTENS LILLA KRÅKA
## SKULLE UT OCH ÅKA
### INGEN HADE HON
#### SOM KÖRDE

SIN AYUDA ALGUNA
el cuervito del cura
se fue de paseo
por la senda más dura.

WITHOUT ANY guide,
the priest's little crow
went for a ride:

ÄN SLANK HON HIT...

Va por *aquí*,
*This* way first,

ÄN SLANK HON DIT...

va por *allá*,
*That* way next,

ÄN SLANK HON-

-NER I DIKET!

y en la próxima zanja
se caerá.

Finally — whoo!
Into the ditch.

25

# Cinco en un lecho

Hay cinco en un lecho
y el más chico ha dicho:
"Rodemos, rodemos."
Con tanto jaleo
se cae uno al piso.

Hay cuatro en un lecho
y el más chico ha dicho:
"Rodemos, rodemos."
Con tanto jaleo
se cae uno al piso.

Hay tres en un lecho
y el más chico ha dicho
"Rodemos, rodemos."
Con tanto jaleo
se cae uno al piso.

Hay dos en un lecho
y el más chico ha dicho:
"Rodemos, rodemos."
Con tanto jaleo
se cae uno al piso.

Hay uno en un lecho
y el más chico ha dicho:
"Me siento solito..."

Vera B. Williams, Estados Unidos / Vera B. Williams, USA

# Five in a Bed

There were five in a bed
And the little one said
"Roll over, roll over"
So they all rolled over
And one fell out

There were four in a bed
And the little one said
"Roll over, roll over"
So they all rolled over
And one fell out

There were three in a bed
And the little one said
"Roll over, roll over"
So they all rolled over
And one fell out

There were two in a bed
And the little one said
"Roll over, roll over"
So they all rolled over
And one fell out

There was one in a bed
And the little one said
"I'm lonely"

Linda Wolfsgruber, Austria

A LITTLE pointed cap
Dancing in the ring!
Three threes are nine.
You know what I mean.
Three threes are nine
And one more is ten.
Stop, cap, stop!
It shook and shook itself,
Tossed the sack
Behind its back.
Clap, clap hands —
The two of us are friends.

Una capita puntiaguda
se desliza por la pista.
Tres treses son nueve,
ya sabes lo que viene.
Tres treses son nueve
y uno más son diez.
¡Alto, capa, alto!
Suena que truena
tu saco en la espalda.
Clap, clap, golpear de manos,
nosotros dos
somos como hermanos.

*Nasrin Khosravi, Irán*

La anciana de nuestro cuento
tiene cuarenta trenzas en el pelo.
Cada primavera, en su azotea,
por Amoo Norooz se desvela
hasta que cae rendida
bajo el hechizo de la luna.
Amoo Norooz llega
y amoroso se acerca
a su ofrenda de fruta.
Escoge una manzana,
le da un mordisco
y coloca un narciso
en el pelo de la anciana.
Sólo hay un Dios,
un Dios y una abuela
con su cabellera tejida
en cuarenta trenzas.

THE OLD WOMAN in our tale
Wears her hair in forty braids.
Each spring on her verandah she waits
For Amoo Norooz,
And each time falls asleep
Under the spell of the moon.
Then Amoo Norooz arrives,
Touches with love
Her offering of fruit,
Chooses a red apple, takes a bite,
Then places a narcissus in her hair.
There is one God only,
One God and a grandmother
With her gray hair worn
In forty braids.

De *"Amoo Norooz"* contado por Jalal Akrami

Nota: Amoo Norooz es un cuento muy antiguo sobre la historia de la llegada del Año Nuevo Persa, Norooz, que empieza el 21 de marzo, el primer día de la primavera. Amoo Norooz es el símbolo del Año Nuevo para los persas (Irán) y todos los países de influencia persa (región del Golfo Pérsico, Turquía, algunas regiones de China e India y las repúblicas de Uzbekistán, Azerbaiján y Tajikistán).

¿Qué cosa es esa que pone sus pies en tu cabeza?

MY FEET on your head.

[a louse]

[el piojo]

Cuanto más me quites más grande seré.

THE MORE of me you remove, the bigger I get.

o que quanto mais se tira mais cresce?

buraco

En las suaves orillas de la pradera
nos llegaba a los hombros el pasto
pero el vaivén de las guadañas
lo fue tumbando hasta secarlo.

Los carretones traen a casa
el verde y dulce olor de la cosecha.
Hay montañas de fardos en los galpones
donde los motañeses vagabundean.

Allá están Monte Claro, Monte Clavo Oxidado,
Monte del Águila y Monte Alto.
Los ratones que en esos montes moran
no son más dichosos que yo.

¡Qué placer trepar a gatas,
qué lugar para los juegos!
¡El aire fragante y mortecino
de las alegres colinas de heno!

Robert Louis Stevenson
"El pajar" de *Jardín de versos para niños*

34  *Trina Schart Hyman, Estados Unidos* / *Trina Schart Hyman, USA*

THROUGH ALL the pleasant meadow-side
The grass grew shoulder-high
Till the shining scythes went far and wide
And cut it down to dry.

These green and sweetly smelling crops
They led in waggons home;
And they piled them here in mountain tops
For mountaineers to roam.

Here is Mount Clear, Mount Rusty-Nail,
Mount Eagle and Mount High;—
The mice that in these mountains dwell,
No happier are than I!

Oh, what a joy to clamber there,
Oh, what a place for play,
With the sweet, the dim, the dusty air,
The happy hills of hay!

Robert Louis Stevenson
"The Hayloft" from *A Child's Garden of Verses*

A LA MAR fui por naranjas,
cosa que la mar no tiene;
me dejaron mojadita
las olas que van y vienen.

Ay, mi dulce amor,
ese mar que ves, tan bello,
ay mi dulce amor,
ese mar que ves tan bello, es un traidor.

I WENT TO THE OCEAN for oranges,
One thing the ocean lacks;
From the waves that roll and roll
I came all sodden back.

O my darling,
The ocean so lovely to see,
O my darling,
The ocean's a traitor to me.

Creyó haber visto un elefante,
con un flautín en la boca,
volvió a mirar y vio que era
una carta de su esposa.
"Por fin ahora entiendo", dijo,
"que la vida es amargosa".

He thought he saw an Elephant
That practised on a fife:
He looked again, and found it was
A letter from his wife.
"At length I realise", he said,
"The bitterness of life!"

Creyó haber visto un búfalo
sobre la chimenea que ardía,
volvió a mirar y vio que era
de su cuñado la sobrina.
"Si no te vas de aquí", le dijo,
"llamaré a la policía".

He thought he saw a Buffalo
Upon the chimney-piece:
He looked again, and found it was
His Sister's Husband's Niece.
"Unless you leave this house",
he said, "I'll send for the Police!"

Creyó haber visto una de cascabel
que en griego lo interrogaba,
volvió a mirar y vio que era
la mitad de la siguiente semana.
"Lo que más lamento", dijo,
"es que los días no hablaran".

He thought he saw a Rattlesnake
That questioned him in Greek:
He looked again, and found it was
The Middle of Next Week.
"The one thing I regret", he said,
"Is that it cannot speak!"

Creyó haber visto un banquero
bajándose de un autobús,
volvió a mirar y vio que era
un hipopótamo... ¡uf!
Y dijo: "Si esto se queda a cenar,
poco nos va a tocar".

He thought he saw a Banker's Clerk
Descending from the bus:
He looked again, and found it was
A Hippopotamus.
"If this should stay to dine", he said,
"There won't be much for us!"

Creyó haber visto un canguro
muele que muele café,
volvió a mirar y vio que era
una píldora de vegetales.
"Si me la tragara", dijo,
"me atacarían todos los males".

He thought he saw a Kangaroo
That worked on a coffee-mill:
He looked again, and found it was
A Vegetable-Pill.
"Were I to swallow this", he said,
"I should be very ill!"

Creyó haber visto una carroza
junto a su cama estacionada,
volvió a mirar y vio que era
una osa descabezada.
"Pobre cosa", dijo. "Pobre cosa tonta.
¡Está esperando ser alimentada!"

He thought he saw a Coach-and-Four
That stood beside his bed:
He looked again, and found it was
A Bear without a Head.
"Poor thing", he said, "poor silly
thing! "It's waiting to be fed!"

Creyó haber visto un albatros
cerca de un foco aleteando,
volvió a mirar y vio que era
una estampilla de un centavo.
"Mejor ya vete a casa", lo exhortó.
"Aquí el ocaso es húmedo y helado".

He thought he saw an Albatross
That fluttered round the lamp:
He looked again, and found it was
A Penny-Postage-Stamp.
"You'd best be getting home", he said,
"The nights are very damp!"

Creyó haber visto una puerta
que con una llave se abría,
volvió a mirar y vio que era
una regla de tres compuesta.
"Todo este misterio‰", dijo enseguida,
"para mí es claro como el día".

He thought he saw a Garden-Door
That opened with a key:
He looked again, and found it was
A Double Rule of Three
"And all its mystery", he said,
"Is clear as day to me!"

Philippe Dumas

39

Vi dos osos
batiendo buñuelos
¡Qué maravilla!
¡Qué maraví!
Osos pasteleros
Jo, jo, jo, ji, ji
Y yo junto a ellos
tragando feliz.

I SAW two bears
Buttering buns.
O what a wonder —
Wonder over wonder —
Buttering bears.
Hi hi hi, ho ho ho
And I right there,
Taking it in.

# Mi Fiesta de Cumpleaños

En mi fiesta de cumpleaños
tuve torta de chocolate,
    torta de queso,
    torta de frutas,
    torta de jengibre
    y torta de naranja.
Al final... tuve un tortijón de panza.


# At My Birthday Party

At my birthday party
I had chocolate cake,
And cheesecake,
And fruitcake,
And ginger cake,
And fudge cake.
After that I had stummer cake.

**Anthony Browne, Reino Unido** / *Anthony Browne, UK*

44  *Pulak Biswas, India*

### Rinoceronte

CUERNO COMO DAGA,
piel de acero,
el cuerpo del rinoceronte
es duro como un muro.

### Rhinoceros

HORN LIKE A DAGGER,
Skin so rough —
The rhinoceros's body
Is very, very tough.

CLAP, CLAP your hands,

CLAP, CLAP.
Tocan las palmas afuera,
los gatos colectan peras,
desgarran su piel de cera,
las cuelgan sobre las verjas
y los sastres las remiendan
¡en un santiamén!

The cats were picking pears,
            They tore their coats of fur,
            They hung them on the gate, and
            The tailor fixed them quick.

# VICEVERSA

LA LIEBRE en el prado está segura.
Nadie la ve, no lo duda.

Pero desde lejos, y desde muy cerca,
en una montaña vecina,

un hombre con binoculares
está observando unas orejitas blandas,

y a él, a su vez, lo vigila
un dios gentil y silencioso.

*Christian Morgenstern*


THE HARE in the meadow is secure:
Nobody sees him, he is sure.

But very closely from afar,
On the mountain over there,

A man with his binoculars
Is watching little floppy ears,

And he in turn is being spied
By a gentle, silent god.

EIN HASE SITZT AUF EINER WIESE
DES GLAUBENS NIEMAND SÄHE DIESE
DOCH IM BESITZE EINES ZEISSES
BETRACHTET VOLL ... FLEISSES,
VON VIS-A-VIS GELE...
... EIN MENSCH DEN KLEINEN LÖFFELZWERG
IHN ABER BLICKT HINW(E)DERUM
... EIN GOTT VON FERN AN MILD UND STUMM

# Jinete

Corre potrillo.
¡Trota, galopa!
Por las praderas,
por las colinas.

Corre, vuela
con alas ligeras.
Soy tu jinete.
¿Quién va a creerlo?

*H. N. Bialik*

## Rider

RUN, my colt,
Canter, gallop,
Over meadow,
Over hilltop.

Run, fly
On light wings, high.
And I your rider —
My oh my!

# Sobre el cerco

Sobre el alto
cerco gris
salta con garbo
el caballo blanco.

Sobre el alto
cerco gris
con gracia saltan
el potro y la potranca.

# Over the Fence

Over the fence, the high
   gray fence —
The tall white horse
Leaps the high gray fence
To boast of his mighty
   youth.

Over the fence, the tall gray fence —
A yearling colt and a yearling mare
Gracefully leap the high gray fence
In the prime of their mighty youth.

# Ciudad secreta

En la Estación de bomberos
de la calle 83
hay una ciudad secreta a la altura de los pies.
Santos de cera hablando entre ellos, de vela a vela,
allí abajo, junto a un andar que no cesa.

La gente murmura "Gracias", queriendo decir:
"A ustedes, valientes entre los valientes,
apoyados en su camión de bomberos,
Dios los bendiga por los que han salvado."

Los santos de cera en botellas de colores
permanecen junto a los que pasan de largo.
Titilan en la oscuridad de la calle,
ciudad secreta a los pies de la gente.

# Secret City

At the Firehouse
On 83rd street,
There's a secret City near people's feet
Saints in bottled candles, talking,
Right down there where the people are walking.

People whisper, "Thank you!" Meaning,
"You, against the firetruck, leaning,
Best of our best, Bravest of Brave!
God bless you for all the lives you save!"

Saints in bottles of colored glass
Stay with the ones who walk on past.
Winky, blinky on the dark street,
Secret City at people's feet.

En nuestra playa,
nuestra mágica playa,
nadamos en el agua chispeante
surfeando, zambulléndonos,
saltando las olas
con risas de júbilo.

En nuestra playa,
nuestra mágica playa,
buscamos estrellas de mar,
cangrejos, conchillas
y escuelas de peces
en las tibias pozas claras.

En nuestra playa,
nuestra mágica playa,
jugamos largas horas en la arena
cavando con cubos y palas,
construyendo castillos
y torres invencibles.

En nuestra playa,
nuestra mágica playa,
nos mecemos en el bote anaranjado
remando hasta el final del muelle
y dejamos que la marea
lentamente nos traiga de regreso.

En nuestra playa,
nuestra mágica playa,
se apaga el resplandor del ocaso.
La luna traza en el agua una estela
y las olas suspiran al alcanzar la arena.

En nuestra playa,
nuestra mágica playa,
la vieja cama es acogedora y ancha.
Los sonidos marinos nos arrullan
mientras soñamos a la deriva
en la corriente nocturna.

At our beach,
at our magic beach,
we swim in the sparkling sea,
surfing and splashing
and jumping the waves,
shrieking and laughing with glee.

At our beach,
at our magic beach,
we search in the clear, warm pools,
peering at starfish,
limpets and crabs,
and tiny fish darting in schools.

At our beach,
at our magic beach,
we play in the sand for hours,
digging and building,
with buckets and spades,
invincible castles and towers.

At our beach,
at our magic beach,
we rock in the tangerine boat,
paddling out to the end of the line,
then drifting back to the float.

At our beach,
at our magic beach,
we bask in the glow of the fire.
The moon makes a silvery path on the sea,
and the waves come to the shore with a sigh.

At our beach,
at our magic beach,
the old bed is cosy and wide.
To the sounds of the ocean
we sleep through the night…
…adrift on the evening tide.

## La hermosa
## tierra de Dios

En el alto cielo, los arcoiris
se posan
sobre nubes grises y blancas.
Libres, enlazan las montañas
y juntan las junglas.
Los arcoiris unen cada cosa
con las demás.
Riman todo lo que ven.

En lo más hondo de la jungla
las mariposas se cortejan
aleteando sobre las flores.
Mariposas y flores,
amores que perduran
en la Tierra de Dios.

En lo más hondo del valle
las mariposas vuelan con los pájaros
sobre las olas amarillas de los sembrados.
Saben que la fiesta va a empezar.
Las mariposas danzan al ritmo de la paz
y forman parte del diseño campestre.

Revolotean enamoradas,
para siempre agradecidas
por la Hermosa
Tierra de Dios.

## The Beautiful
## Land of God

HIGH IN THE SKY, rainbows kiss
The white and gray clouds.
They embrace the mountains freely,
And kiss the jungles.
Rainbows join everything in nature
To everything else. Rainbows
Rhyme everything.

Down in the distant jungle
Butterflies flutter by one another,
Passionately kissing the flowers —
Butterflies and flowers deeply and always in love
In the Land of God.

Down in the valley they play
Among the waves of golden crops.
They cry out with delight to see the foraging birds.
They know the celebration is about to start.
They cavort in all the colors.
They dance to the rhythm of peace,
Deeply in love,
Forever thankful
For the beautiful Land
of God.

拉大锯，扯大锯，姥姥家，唱大戏，接闺女，请女婿

小外孙子也要去。拉大锯，扯大锯，姥姥家，唱大戏。

Toca el violín... ahora el tambor...
Noche de ópera en casa de la abuela.
Hola, hija, bienvenido, yerno.
Y tú, mi nieto...
¡Que goces del concierto!

PLAY THE violin, beat the drum:
Opera night at Grandma's house.
Greetings, daughter.
Welcome, son-in-law.
My grandson, enjoy the evening.

¿CUÁL ES la fruta que tiene la semilla
por fuera?

WHAT FRUIT keeps its seed outside?

DE SANTA tengo el san,
de día tengo el día,
soy roja y blanca,
y de sangre fría.

GREENISH skin,
Cold blood within:
My flesh is red
And sweet as sin.

63

*Noemí Villamuza, España* / Noemí Villamuza, Spain

la cuna de mi niño
se mece sola
como en el campo verde
las amapolas

My baby's cradle
Rocks itself —
Poppies nod
In a field of green.

CADA UNO TIENE una canción,
corta o larga,
afinada o destemplada
como el hi-ha-hi de un burro,
fifu, fafi, fifo, fu,
brame o muja o cuac o mu.
Cada cual tiene una canción
que lo acompañará la vida entera...
No estés silencioso
ni temas lo de afuera,
debes cantar
según tu propia madera.

*Philip de Vos*

EVERYBODY has a song,
be it short or be it long,
in the right or in the wrong key,
like the hee-haw of a donkey,
twitter, tweet, tu-whit, tu-whoo,
howl or growl or quack or moo.
Everyone has a song
and must sing it all life long.
Don't be silent
nor afraid,
you must sing
as you've been made.

*Piet Grobler, Sudáfrica / Piet Grobler, South Africa* 67

Sobre un madero de la valla,
un gato aclara su garganta...
Canta una tonada agradable, de una sola nota,
ni demasiado larga, ni demasiado corta.
¡Otra serenata, gatito! ¡Es tan bello escucharlas!

On a short fencepost, a little cat clears its throat...
A pleasant song, and not too long by a note,
Not too long, not too short, but precise.
One more serenade please, little cat — it's nice.

Tenemos un burro. Parece muy tierno
mas cuando oscurece desata un infierno.
Con luna o sin luna de noche rebuzna.
¡Sabrá Dios por qué! ¿Qué vamos a hacer!

  Pobre mi burro... Dinos, Dios,
   ¿no podrías dejarlo mudo?

Con luna o sin luna de noche rebuzna
y no hay quien se duerma con esa canción.
Los vecinos saben que nos vuelves locos.
Ya dí qué te pasa, sea mucho o sea poco.

  Pobre asno tonto... Dinos Dios,
   ¿no podrías dejarlo ronco?

De pronto, una madrugada,
el abuelo intentó amansar
al borrico del ceño fruncido.

  No hubo suerte: ahora rebuzna todo el día.
  Si no logramos descansar, alguien recibirá
  una paliza.

Al fin, no se imaginan... ¡hurra!
se calmó del todo, sin cómos ni qués.
Cerró sus párpados y nosotros también.
¿La respuesta al acertijo?¡¡Una burra!!

De haber sabido qué lo hacía suspirar
le habríamos dado novia mucho tiempo atrás
 Tenemos un burro. Mejor no podría ser.

  Con su compañera al lado,
  no hay burro más bueno que él.

*Rim Banna*

We have a donkey. He looks real cute,
But every single night he goes on a toot.
He brays and brays the whole night through:
Lord love a duck! What are we to do?

  Poor donkey, wretched brute. Please, God,
  Won't you make him mute.

He brays and brays the whole night long.
Nobody sleeps through that kind of song.
The neighbors know you're driving us nuts;
Tells us what you want, no ifs, ands or buts.

  Poor donkey, wretched beast. Please, God,
  Make him hoarse at least.

Finally, in the early hours,
Grandfather tried to use his powers,
Persuasive powers to settle him down,
The irate donkey with his donkey frown.

  No dice. Now it's bray all day.
  If we don't get some rest, there'll be heck to pay.

At last, at last! What do you know!
He's calmed right down, the so-and-so.
He's catching forty winks, and so are we,
And the answer to the riddle was a donkey She!

  If we had known what irked him so,
  We'd have given him a girlfriend ages ago.

We have a donkey. He looks so great,
And he's a good donkey now, provided with a mate.

ENNE DENNE
DUBBE DENNE
DUBBE DENNE
DALIA

EBBE BEBBE
BEMBIO
BIO BIO BUFF

Pito, pito gorgorito
¿dónde vas tú tan bonito?
A la era verdadera
¡Pim, pom, fuera!

Eenie, meenie, minie, moe,
Catch a tiger by the toe,
If he hollers, let him go,
Eenie, meenie, minie, moe.

Va el Señor Cuervo volando
con su quejido sonoro.
Bella trompeta en lo alto,
cuerno de oro.

I mweEE-ah, I da-dat *dao*!
Mister Raven, bopping in the field,
Trumpet wailing,
Shapely trumpet,
Horn of gold.

# ACERCA DE LOS ARTISTAS

JAINAL AMAMBING nació en Kudat, Sabah, en Malasia. Ha ganado numerosos premios por ilustración en su pais y obtuvo los siguientes premios: el Encouragement Prize (Premio de Estímulo) en el 11vo Concurso NOMA, segundo premio en el 12vo Concurso NOMA y quedó entre los finalistas en el 13vo Concurso NOMA. Actualmente trabaja por su cuenta como artista, caricaturista e ilustrador de libros para niños en Kudat.

MUHAMMED AMOUS, un ilustrador palestino de libros para niños, nació en Jerusalén donde actualmente vive con su esposa y dos hijos. Estudió matemáticas en la Universidad de Belén hasta que ésta fue cerrada debido al alzamiento palestino en 1989. Entonces comenzó su carrera como ilustrador independiente. Entre sus libros para niños se encuentran *Nos Nsais*, un cuento de hadas palestino, y *Dima*, una colección de cuentos para niños. También ha trabajado como director de arte para varias agencias publicitarias, ha sido productor de animación para Plaza Sésamo Palestino (Hikayat Semsem) y actor para la agrupación de teatro infantil Nakhleh Esheber. También es co-fundador del Instituto Nakleh Esheber para la producción de arte.

MITSUMASA ANNO, uno de los ilustradores y diseñadores de libros más importante de Japón, nació en la parte oeste de Japón y trabajó como maestro de la escuela primaria antes de comenzar su carrera como ilustrador. Ha publicado mas de 140 libros que son muy apreciados alrededor del mundo. Anno ha recibido los siguientes reconocimientos: el Grand Prix de gráfica en Bolonia, la Golden Apple (Manzana de Oro) en la Bienal de Ilustración de Bratislava (dos veces), la Medalla Kate Greenaway, la mención del Museo de Libros de Arte para Niños de Brooklyn y muchos premios de libros-álbum en Japón. En 1984 ganó el Premio Hans Christian Andersen. Mitsumasa Anno actualmente vive en Tokio.

ROTRAUT SUSANNE BERNER nació en Stuttgart, Alemania. Estudió diseño gráfico y pasó dos años trabajando para varias casas editoriales antes de convertirse en ilustradora y diseñadora independiente. Los libros para niños que ha escrito e ilustrado han merecido reconocimientos internacionales tales como el Deutscher Jugendliteaturpreis por sus ilustraciones del libro *Quiere a ese perro* de Sharon Creech, el

Silveren Penseel (Países Bajos) y nominaciones para los premios Astrid Lindgren y Hans Christian Andersen (del cual resultó finalista). Actualmente vive y trabaja en Munich.

PULAK BISWAS es uno de los ilustradores de libros para niños de mayor edad en India. Comenzó su carrera artística en Delhi hace más de cuarenta años donde trabajó para varias agencias publicitarias antes de convertirse en artista independiente en 1981. Actualmente se dedica a la pintura y a la ilustración de libros para niños lo cual considera su verdadera vocación. Durante su larga carrera, Pulak Biswas ha trabajado para diversas casas editoriales en India y otros países. Entre los premios que ha recibido se encuentra una placa de la Bienal de Ilustración de Bratislava por su libro Tiger On a Tree (Tigre trepador) de la casa editorial Tara Books, siendo el primer ciudadano de India en recibir tal premio.

QUENTIN BLAKE nació en Sidcup, Kent, Reino Unido. Publicó su primer libro para niños en 1960 después de haber estudiado educación y literatura inglesa. Desde entonces ha ilustrado mas de 250 libros de diversos autores – especialmente de John Yeoman, Russell Hoban, Joan Aiken, Michael Rosen y el reconocido Roald Dahl. También se le conoce por sus propios libros-álbum tales como *Clown* (Payaso) y *Zagazoo*. Quentin Blake fue profesor en el Royal College of Art desde 1965 hasta 1988, y durante ocho de esos años se desempeñó como director del Departamento de Ilustración. Obtuvo la Orden del Imperio Británico en 1988. En 1999 fue nombrado el primer Ilustrador Laureado de literatura infantil, y en 2002 fue nombrado Chevalier des Arts et des Lettres, y la escuela Quentin Blake Europe School de Berlin recibió su nombre. También recibió el Premio Hans Christian Andersen. Actualmente vive y trabaja en Londres, Inglaterra.

ANTHONY BROWNE estudió diseño gráfico en el Leeds College of Art y trabajó como artista médico y diseñador de tarjetas de saludo antes de escribir e ilustrar su primer libro-álbum, *Through the Magic Mirror* (A través del espejo mágico) en 1976. Desde entonces ha publicado treinta y seis libros, incluyendo la serie de Willy. Obtuvo la Medalla Kate Greenaway por sus libros *Gorila* y *Zoológico*, el Premio Kurt Maschler por *Alice's Adventures in Wonderland* (*Las aventuras de Alicia en el país de las maravillas*), *Voces en el parque* y *Gorila*. En el año 2000 se convirtió en el primer ilustrador británico en recibir el Premio Hans Christian Andersen. Anthony Browne fue el ilustrador en residencia en Tate Britain en 2002. Sus ilustraciones han sido exhibidas en México, Alemania, Japón, EEUU, Colombia, Venezuela, Taiwan, Holanda, Bélgica y Francia. Actualmente vive en Kent, Inglaterra.

CARLL CNEUT nació en un pequeño pueblo de Bélgica cerca de la frontera con Francia. Comenzó a ilustrar libros para niños en 1996, después de estudiar diseño gráfico en el Saint-Lucas Arts School en Ghent y de trabajar como director de arte para una agencia publicitaria. Desde entonces ha ganado premios tanto en Bélgica como en otros países, tales como una placa de la Bienal de Ilustración de Bratislava y una mención honorífica en el Premio BolognaRagazzi. En 2002 realizó su debut como escritor con *The Amazing Love Story of Mr. Morf* (*La asombrosa historia de amor del Sr. Morf*). Actualmente vive en Ghent donde ilustra libros para niños para casas editoriales de Europa y Norteamérica.

BABA WAGUÉ DIAKITÉ es un artista y cuentacuentos cuyas imágenes sobre losas de cerámica glaseadas le han merecido altos reconocimientos. Su libro-álbum *The Hunterman and the Crocodile* (*El cazador y el cocodrilo*) fue ganador del Coretta Scott King Award Honor Book, y *The Magic Gourd* (*La calabaza mágica*) recibió un premio de Parent's Guide to Children's Media (Guía de padres para medios para niños). Sus vibrantes ilustraciones también aparecen en *The Hatseller and the Monkeys* (*El vendedor de sombreros y los monos*), *The Pot of Wisdom* (*La vasija de sabiduría*) y más recientemente, *Jamari's Drum* (*El tambor de Jamari*). Se ha dedicado a compartir la cultura de su país natal con la gente de su país adoptivo. En la actualidad Baba Wagué Diakité está construyendo el Centro Cultural Toguna en Bamako, Mali, para permitir que personas del occidente entren en contacto con los artistas y la cultura de Mali. Creció en Mali y actualmente vive en Portland, Oregon, EEUU.

BORIS DIODOROV vive en Moscú, donde fue nombrado Artista del Pueblo de la Federación Rusa en 1999, el más alto honor concedido a una contribución a la cultura rusa. Comenzó a trabajar con casas editoriales en 1958. Desde entonces ha ilustrado más de 300 libros. Sus ilustraciones para *The Wonderful Travels of Nils Holgersson* (*Los maravillosos viajes de Nils Holgersson*) de Selma Lagerlöf le trajeron reconocimientos internacionales tales como el Golden Apple (Manzana de Oro) en la Bienal de Ilustración de Bratislava y la Medalla de Plata en la Feria Internacional del Libro en Leipzig. Más recientemente ha ilustrado los cuentos de Hans Christian Andersen, *La petite sirène* (*La sirenita*), que ganó una placa en Bratislava, y *La reine des neiges* (*La reina de las nieves*) para Albin Michel en Francia. Ha sido nominado tres veces al Premio Hans Christian Andersen, y fue finalista en el año 2000. En el año 2001 recibió el Grand Prix del Comité Internacional del Premio Hans Christian Andersen en Odense, Dinamarca. Ha sido miembro del jurado internacional de la Bienal de Ilustración de Bratislava dos veces, y actualmente es profesor de la cátedra de ilustración y arte gráfico de la Universidad de Poligrat.

PHILIPPE DUMAS nació en Cannes, Francia, y ahora vive en Ginebra, Suiza. Después de estudiar en la École des métiers d'art y la École des Beaux-Arts en Paris, comenzó una carrera dedicada a escribir, ilustrar, imprimir y encuadernar libros. Dumas ha ilustrado cuentos de muchos escritores contemporáneos, así como de autores clásicos como Victor Hugo, Guy de Maupassant y Gustave Flaubert. También ha escrito e ilustrado más de dos docenas de libros para niños y es especialmente conocido por sus juguetones dibujos para poemas populares, rimas infantiles y canciones. Entre los premios que ha recibido se encuentran el Prix Sorcière, el Grand Prix de la Ville de Paris, el Prix graphique Loisirs Jeunes y dos nominaciones al Premio Hans Christian Andersen. Es uno de los pocos artistas que ha sido nominado por su trabajo tanto como autor como ilustrador.

ORA EITAN vive en Jerusalén y ha ilustrado muchos libros-álbum escritos en hebreo y en inglés. Su trabajo como ilustradora le ha otorgado muchos elogios de la crítica a ambos lados del Atlántico, incluyendo una nominación al Premio Hans Christian Andersen. Entre sus libros-álbum se encuentran *Inch by Inch* (*Pulgada a pulgada*), *Cowboy Bunnies* (*Conejitos vaqueros*) y *Astro Bunnies* (*Conejitos astro*). Ora Eitan alterna su trabajo como ilustradora con la enseñanza en la Academia Bezalel de Arte y Diseño.

EVA ERIKSSON nació en Halmstad, en la costa suroeste de Suecia. Antes de convertirse en una ilustradora a tiempo completo, estudió arte y educación artística, y realizó una serie de trabajos diferentes que incluyen la enseñanza del idioma sueco a inmigrantes y el diseño de señales en Dublín. A lo largo de su carrera ha alternado entre la escritura y la ilustración. En 1978 publicó su primer libro tanto como autora como ilustradora –luego se publicó en inglés bajo el título de *Hocus*

*Pocus* (*Abracadabra*). Eva Eriksson también ha sido miembro durante un largo período de tiempo de la sección sueca de IBBY. Entre las premiaciones que ha recibido se encuentran tres nominaciones al Premio Hans Christian Andersen, incluyendo uno en 2004, una placa de la Bienal de Ilustración de Bratislava, y el Premio Astrid Lindgren. Actualmente vive en Älta, Suecia.

LUIS GARAY es un reconocido ilustrador latinoamericano cuyas llamativas ilustraciones aparecen en *La piedra y el metal*, *Un puñado de semillas*, publicado por Ediciones Ekaré, *Popol Vuh* y, más recientemente, *Primas de Elisa Amado*, publicado por Groundwood Books. Entre los premios que ha recibido se encuentran el Premio Bulletin Blue Ribbon y el Illustrated Children's and Youth Book Prize. Después de vivir en Toronto durante muchos años, se regresó a su Nicaragua nativa.

MARIE-LOUISE GAY es una mundialmente reconocida autora e ilustradora de libros para niños. Ha ganado numerosos premios de prestigio en Canadá, entre los que se encuentran el Governor General's Award, el Amelia Frances Howard-Gibbon Award, el Mr. Christie's Book Award y el Elizabeth Mrazik-Cleaver Picture Book Award. También fue nominada para el Premio Hans Christian Andersen en 2004. Sus libros han sido traducidos a más de doce idiomas y son apreciados por niños alrededor del mundo. Su más reciente libro de la conocida serie Estela, es *Estela princesa de la noche*. Marie-Louise Gay vive junto a su familia en Montreal, Canadá.

PIET GROBLER vive en Stellenbosch en las tierras de viñedos del cabo en Sur África, junto a su esposa y pequeña hija. Ha realizado estudios de teología y periodismo y, recientemente, completó una Maestría en Bellas Artes. Ha sido diseñador e ilustrador durante catorce años, y desde 1999 se ha dedicado a la ilustración de libros-álbum. Entre los premios que ha ganado se encuentran dos veces segundo lugar en el Concurso NOMA, el Octogone de Chêne (Francia) y una placa en la Bienal de Ilustración de Bratislava.

TRINA SCHART HYMAN nació en Filadelfia y decidió muy joven que quería ser artista. Estudió Bellas Artes, ilustración y grabado en Filadelfia, Boston y Estocolmo. Ilustró libros infantiles durante más de treinta años hasta su triste fallecimiento en 2005.

ISOL nació en Buenos Aires, Argentina, donde actualmente reside y trabaja como ilustradora para libros para niños, periódicos y revistas. Entre sus libros para niños se encuentran *Vida de perros*, *Cosas que pasan* y *El globo* los cuales fueron escritos e ilustrados por ella, y han sido publicados por el Fondo de Cultura Económica, México. Ha publicado su trabajo en España, Francia, México y Argentina. En 2003 obtuvo un Golden Apple (Manzana de Oro) en la Bienal de Ilustración de Bratislava. Su libro El cuento de Navidad de Auggie Wren (Sudamericana), escrito por Paul Auster, obtuvo una Mención Especial de The White Ravens en 2004.

DUŠAN KALLAY nació en Bratislava, Eslovaquia. Desde que culminó sus estudios de arte se ha dedicado a realizar trabajos de arte gráfico, ilustraciones de libros, pintura, diseño de estampillas y dibujos animados. Entre los muchos premios que ha recibido se encuentran el Premio Hans Christian Andersen y el Grand Prix en la Bienal de Ilustración de Bratislava en 1983 por sus ilustraciones de *Alicia en el país de las maravillas* de Lewis Carroll. Ha ilustrado muchos libros tanto para niños como para adultos, y es considerado como el ilustrador eslovaco de más renombre. Continúa viviendo y trabajando en Bratislava.

NASRIN KHOSRAVI nació en Teherán, Irán. Ha ilustrado mas de treinta libros para niños desde que se publicara su primer libro en 1976. Ganadora del Grand Prix del Concurso Noma en Japón, también ha sido nominada al Premio Hans Christian Andersen y ha recibido honores en Italia, Alemania, Irán, Austria, India, Francia, España y Eslovaquia. En la actualidad Nasrin Khosravi vive con su familia en Toronto, Canadá.

ANGELA LAGO nació en Belo Horizonte, Brasil. Ha estado escribiendo e ilustrando libros para niños durante casi veinte años. Recientemente ha incursionado en los campos de animación interactiva y los nuevos medios. Los premios por sus trabajos incluyen una placa de la Bienal de Ilustración de Bratislava, el Segundo Premio Iberoamericano de Ilustración y el Octogone de Ardoise del Centre International d'Etudes en Littératures de Jeunesse en París. También fue nominada, por segunda vez, al Premio Hans Christian Andersen en 2004. Continúa viviendo y trabajando en Belo Horizonte.

ALISON LESTER vive y trabaja en Nar Nar Goon North en West Gippsland, Australia. Sus libros-álbum mezclan mundos imaginarios con la vida cotidiana alentando a los niños a que crean en sí mismos y a celebrar las diferencias que los hacen especiales. The quicksand Pony (El pony de arenas movedizas) y Magic Beach (La playa mágica), publicados por Allen & Unwin, son favoritos en muchos hogares australianos. Sus libros han recibido nominaciones para el Australian Booksellers' Association Book of the Year Award y el Australia's National Book Award, entre otras. Como maestra de arte, Alison Lester pasa parte de cada año viajando a escuelas de áreas remotas usando sus libros para enseñarle a los niños a escribir e ilustrar sus propias historias.

MANUEL MONROY es un joven ilustrador mexicano de mucho talento, que estudió diseño gráfico y se especializó en ilustración en la Universidad Autónoma Metropolitana. Entre los premios que ha recibido se encuentran el Quorum Prize y el Encouragemnet Prize (Premio de Estímulo) del Concurso Noma de Japón. Ha ilustrado dos libros altamente aclamados para la editorial Groundwood Books – Daybreak, Nightfall (Amanecer, Atardecer) y Rooster Gallo – ambos escritos por el poeta Jorge Luján. Manuel Monroy vive en la Ciudad de México.

KVĚTA PAĆOVSKA nació en Praga en la República Checa, dónde vive y trabaja actualmente. Ganadora del Premio Hans Christian Andersen en 1992, es reconocida internacionalmente por su trabajo exploratorio en los conceptos modernos de ilustración, libro y diseño. Ha ilustrado más de cincuenta libros para niños que han sido traducidos al Alemán, Francés, Inglés, Japonés, y muchos otros idiomas. Durante la última década se ha dedicado exclusivamente a la creación de libros como obras de arte completas – objetos de arte tri-dimensionales y táctiles. La larga lista de premios internacionales que ha recibido incluyen el Grand Prix y el Golden Apple (Manzana de Oro) de la Bienal de Ilustración de Bratislava, el Premio BolognaRagazzi, el Deutscher Jugendliteraturpreis y el Guttenbergpreis en Leipzig.

PETER SIS es uno de los autores / ilustradores más distinguidos del mundo. Nació en Checoslovaquia y estudió pintura y cinematografía en la Academia de Artes Aplicadas de Praga y en el Royal College of Arts de Londres. Ha escrito e ilustrado muchos libros para niños que han ganado premios incluyendo Starry Messenger: Galileo Galilei (Mensajero de las estrellas: Galileo Galileo) y Tibet Through the Red Box (El Tibet a través de la caja roja) ,ambos ganadores de la Medalla de Honor Caldecott, y Madlenka, El perro de Madlenka y The tree of Life (El árbol de la vida). Ha sido merecedor de muchos otros premios en repetidas ocasiones, incluyendo el New York Times Best Illustrated Book Award, el Boston Globe/Horn Book Award y medallas de la Sociedad de Ilustradores. En el año 2003 Peter Sis fue nombrado un MacArthur Fellow. Vive en Nueva York con su esposa y dos hijos.

MARIT TORNQVIST nació en Uppsala, Suecia, y se mudó a los Países Bajos cuando tenía cinco años. Luego de completar sus estudios de ilustración en el Ámsterdam Rietveld Academy regresó a Suecia dónde colaboró con la autora Astrid Lindgren en la realización de cuatro libros-álbum, incluyendo en 2003 The Red Bird (El pájaro rojo), el cual fue publicado en varios países en 2003. También ha diseñado escenarios basados en la obra de Astrid Lindgren para la casa de cuentos de hadas de Junibacken en Estocolmo. Marit Tornqvist fue galardonada con el Silver Griffel Award por su libro-álbum Klein verhaal over liefde y fue seleccionada para la Lista de Honor IBBY en el año 2000 por sus ilustraciones de Helden op sokken escrito por Annie Makkink. Ella vive y trabaja en Ámsterdam.

NOEMÍ VILLAMUZA estudió en la Universidad de Salamanca y se graduó en arte en 1994. Desde 1997 ha estado trabajando como ilustradora y dando clases en el Bau School of Design. Ha ilustrado veinte libros para niños , siendo los más recientes De verdad que no podía y Me gusta, publicados por la editorial Kókinos en Madrid. Fue finalista en el Premio Nacional de Ilustración en 2002. Actualmente Noemí Villamuza vive en Barcelona.

ROSEMARY WELLS nació en la ciudad de Nueva York. Después de estudiar en el Museum School en Boston, comenzó una carrera como diseñadora de libros antes de convertirse en una ilustradora a tiempo completo. Desde que publicó su primer libro-álbum en 1968, su trabajo ha sido reconocido por su fuerte sentido del humor y realismo, así como por su aproximación suavemente rebelde a la niñez. Sus libros han recibido numerosos premios incluyendo un New York Times Book Review Best Illustrated Book of the Year y el Publisher's Weekly Best Book of the Year por My Very First Mother Goose (Mi primera Mamá Gansa). Vive y trabaja en las cercanías de la ciudad de Nueva York.

JÓZEF WILKON nació cerca de Cracovia en Polonia. Después de completar sus estudios de arte, ha trabajado como ilustrador y diseñador gráfico. A lo largo de los años ha diseñado e ilustrado más de cien libros para niños y adultos en su Polonia nativa, y otros sesenta y cinco publicados en países como Francia, Japón, Alemania y Suiza. Además sigue activo como pintor, escultor y diseñador de escenarios y de tapicería. Ha recibido nominaciones para el Premio Hans Christian Andersen en los años 2000 y 2004. Otros premios incluyen la medalla de oro en la feria Internacional del Libro de Leipzig, el Grand Prix en la Bienal de Ilustración de Bratislava, el Primero Gráfico en Bolonia y el Owl Prize en Japón. Actualmente vive y trabaja en las cercanías de Varsovia.

VERA B. WILLIAMS nació en Hollywood, California, y se mudó al Bronx, Nueva York siendo una pequeña niña. Desde sus días como estudiante en el Music and Art High School en Nueva York, y luego en el Black Mountain College inspirado en Bauhaus, en Carolina del Norte, se ha desempeñado de manera activa como escritora, artista gráfica, educadora, madre y abuela y siempre ha sido una luchadora por la paz y la justicia social. Fue una de las fundadoras del Gate Hill Cooperative Community y del Experimental Collaberg School. Entre los premios que ha recibido se encuentran dos Medallas de Honor Caldecott y Premios Globe y Horn Book por tanto ficción como poesía. Sus libros han sido publicados en muchos países, incluyendo China, Dinamarca, Francia, Japón, Corea, Suecia y el Reino Unido. Fue nominada al Premio Hans Christian Andersen en el año 2004. Actualmente Vera B. Williams vive en la ciudad de Nueva York.

LINDA WOLFSGRUBER estudió arte en Italia. Sus obras altamente originales han sido exhibidas a través de Europa, así como también en Japón, Nueva York y San Diego. Sus libros han sido traducidos a quince idiomas y ha ganado muchos premios, incluyendo el premio de ilustración de libros para niños de Austria en 1995. Estuvo nominada al Premio Hans Christian Andersen en 2004. Recientemente ha ilustrado *Inanna: From the Myths of Ancient Sumer* (*Inanna: De las mitologías de la antigua Sumer*) escrito por Kim Echlin, y *Stories from the Life of Jesus* (*Cuentos de la vida de Jesús*) escrito por Celia Barker Lottridge, ambos publicados por Groundwood Books. Linda Wolfsgruber actualmente vive en Viena.

ANGE ZHANG es un artista y diseñador de teatro internacionalmente reconocido que trabajó con el Teatro Nacional de Ópera en Beijing antes de mudarse a Canadá. Ha ilustrado muchos libros para niños entre los que se encuentran *Thor* el cual ganó el Mr. Christie's Book Award, y *The Fishing Summer* (*El verano de pesca*), *The Stone Boat* (*El barco de piedra*) y *The Kid Line* (*La línea de Kid*) , escritos por Teddy Jam. Recientemente ha escrito e ilustrado *Red Land, Yellow River* (*Tierra roja, río amarillo*) –su propio relato de cómo vivió y creció en China durante la revolución cultural. Ange actualmente trabaja en el área de animación y vive con su familia en Toronto.

LISBETH ZWERGER vive en Viena dónde estudió en la Academia de Artes antes de comenzar su trabajo a destajo como artista. Ha ilustrado muchos libros-álbum altamente exitosos, incluyendo cuentos de hadas de los Hermanos Grimm y Hans Christian Andersen. Cuenta con libros publicados en más de veinte países y ha recibido honores varias veces tanto en Austria como en el extranjero, entre los que se encuentran varios premios de la Feria Internacional del Libro de Bolonia y de la Bienal de Ilustración de Bratislava, y obtuvo el Premio Hans Christian Andersen en 1980.